La batalla diplomática y política en torno a la Crisis de Octubre

La batalla diplomática y política en torno a la Crisis de Octubre

Elier Ramírez Cañedo

New York • Oakland • London

Seven Stories Press/Ocean Sur
140 Watts Street
New York, NY 10013
www.sevenstories.com

ISBN: 978-1-925317-24-4

156241387

Índice

Prólogo

El triunfo de la Revolución Cubana el 1ro. de enero de 1959, constituyó para Estados Unidos una de las más humillantes derrotas políticas en su existencia como potencia imperialista, lo que determinó que el conflicto entre ambas naciones entrara en una nueva y más aguda etapa de confrontación. En los primeros años de la naciente Revolución ocurrió uno de los acontecimientos más graves del período de la Guerra Fría, que puso al mundo al borde de la conflagración nuclear, conocida como la Crisis de los Misiles, Crisis de Octubre o Crisis del Caribe.

El ensayo que nos presenta en esta ocasión el Doctor en Ciencias Históricas Elier Ramírez Cañedo, constituye un excelente texto que relata una de las aristas menos conocidas y estudiadas de ese periodo: *la batalla diplomática y política en torno a la Crisis de Octubre*. Apoyado en documentos reveladores y testimonios de los principales actores, realiza una evaluación objetiva del desarrollo de aquellos acontecimientos.

Adentrarse en este apasionante tema, que ha sido tratado en disímiles momentos por la literatura, el cine y la televisión, constituye un importante reto para cualquier investigador. Pero el autor, con la acuciosidad y profundidad analítica que lo caracteriza, convoca al lector en cada una de sus páginas a repetidas reflexiones.

Antes de la Crisis de Octubre, el Gobierno norteamericano diseñó e implementó un conjunto de acciones terroristas y subversivas dirigidas a evitar la consolidación de la Revolución Cubana. Después de la derrota sufrida en Playa Girón, esos planes se incrementaron. El 9 de marzo de 1962, bajo el título «Pretextos para justificar la Intervención Militar de Estados Unidos en Cuba», el Pentágono sometió a la aprobación de la oficina del Secretario de Defensa un paquete de medidas, que involucraban a la Base Naval de Guantánamo. Entre ellas estuvo producir una serie de incidentes en el enclave o sus alrededores a fin de crear la apariencia de que habían sido realizadas por fuerzas cubanas. Como respuesta, Estados Unidos contempló la ejecución de operaciones militares a gran escala.

Durante todo el año 1962 se intensificaron de forma notable las acciones de sabotaje, terrorismo, quema de cañaverales, intentos de asesinatos a dirigentes, ataques piratas y las infiltraciones de grupos especiales. De enero a agosto de ese año, los actos de ese carácter alcanzaron la cifra de 5 780, de los cuales 716 dañaron grandes objetivos económicos y sociales de la Isla. El ataque a Cuba era solo cuestión de poco tiempo, por lo que se aceptó la ayuda de la Unión Soviética para disuadir la invasión militar.

Muy acertadamente el autor afirma que lo «que salvó el prestigio moral y político de la Revolución en aquella coyuntura fue la posición valiente e intransigente de la dirección cubana al negarse a cualquier tipo de inspección del territorio cubano, al plantear los Cinco Puntos e impedir en todo momento que se le presionara». Esa actitud firme se mantuvo invariablemente en el tiempo. Los principios no se discuten, mucho menos se negocian, pero se puede encontrar solución a las diferencias con respeto y en igualdad de condiciones.

Hoy más que nunca —luego del restablecimiento de las relaciones diplomáticas entre Cuba y Estados Unidos en julio de 2015— el ensayo que nos regala Elier Ramírez Cañedo tiene total vigencia. En la nueva etapa que comienza hacia un proceso de normalización de las relaciones entre ambos países, quizás vendrán otras batallas diplomáticas y políticas, en las cuales el papel de la ONU podría ser nuevamente decisivo.

Dr. Abel Enrique González Santamaría
La Habana, febrero de 2016

Introducción

Sin duda, la llamada *Crisis de los Misiles* o *Crisis de Octubre* es dentro de la confrontación histórica entre Cuba y los Estados Unidos, el incidente más peligroso por el que atravesaron ambos países y el mundo durante el período de la Guerra Fría. Este hecho ha sido ampliamente abordado por la historiografía cubana y extranjera. Sin embargo, en este trabajo, además de ir llevando el hilo de los acontecimientos de aquellos días cargados de tensión, abordaremos un aspecto de la crisis que fue de extraordinaria importancia y que influyó indiscutiblemente en sus derroteros: la batalla diplomática y política y el papel de la Organización de Naciones Unidas (ONU), aspecto por demás, pocas veces tratado con profundidad en los estudios realizados sobre el tema.

Limitada en sus posibilidades de manifestación militar a la toma de algunas medidas que dieran cierta capacidad de respuesta a los planes agresivos de Washington y mantenida al margen del proceso de negociación entre la URSS y los Estados Unidos, el papel protagónico de Cuba durante la crisis de octubre centró sus esfuerzos en el terreno político y diplomático.

Al igual que en otros momentos de la historia de la Revolución brilló la diplomacia cubana guiada por su principal artífice: Fidel Castro. Como dijera Ernesto Che Guevara en su célebre carta de despedida, al referirse al papel desempeñado por el Comandante en Jefe durante la crisis: «Pocas veces brilló más alto un estadista que en esos días».

Los errores que dieron ventaja a Kennedy

Es conocido, que para aquel tiempo, los artífices de la agresividad contra la Isla en la política norteamericana estaban deseosos de cobrarse el fiasco de Girón, por lo que ya tenían diseñado un proyecto —conocido como Plan Mangosta—[1] que contemplaba en su última fase la invasión a Cuba en gran escala para octubre de 1962, utilizando las fuerzas armadas de los Estados Unidos.[2] Este peligro eminente, conocido por las autoridades de la Isla y de la URSS influyó en el paso dado por los soviéticos en mayo de 1962 de proponer la instalación de cohetes nucleares de corto y mediano alcance en Cuba, sin embargo, al parecer, los motivos más profundos del premier soviético, Nikita Jruschov, al dar ese paso tan arriesgado, estuvieron relacionados con la intención de disminuir la brecha nuclear existente entre la URSS y Estados Unidos, con amplia ventaja para esta última nación, aspecto que desconocía la máxima dirección de la Isla en aquellos momentos.

El secretario de Defensa de la administración Kennedy, Robert McNamara, reveló en la Conferencia Tripartita sobre la Crisis de Octubre, celebrada en Moscú en enero de 1989, que en el momento que estalla la crisis ellos poseían 5 000 ojivas nucleares, mientras los soviéticos apenas contaban con 300, para una correlación aproximada de 17 a 1. En cuanto a los bombarderos B-47 y B-52, la correlación era de casi 10 a 1 favorable a los Estados Unidos. También se afirma que en 1962 el Pentágono poseía 377 cohetes estratégicos —en tierra y mar— y estaba en marcha la construcción de otros 1 000 más avanzados del tipo *Minuteman*, mientras que la URSS el primero de enero de ese año solo contaba con 44 cohetes intercontinentales, 373 de alcance medio y 17 de alcance intermedio.[3] Pero el balance estratégico favorecía también a los estadounidenses en su capacidad de realizar un primer golpe nuclear a la URRS, debido a los misiles nucleares que habían desplegado en Turquía e Italia.

Sobre estos emplazamientos tan peligrosos para la URSS le señaló Jruschov a Alexander Alexeev, nombrado embajador en la Isla: «[...] tenemos que pagarle con la misma moneda —a los Estados Unidos—, darles a probar su propio remedio, y obligarlos a sentir en su propio cuerpo lo que significa vivir colimados por armas nucleares».[4] Evidentemente se estaba refiriendo a la colocación de armas nucleares estratégicas en la isla de Cuba.

La manera en que Jruschov actuó después, al producirse la crisis, cuando sin contar con la dirección cubana negoció con Kennedy la salida de los cohetes nucleares de la Isla, y peor aún, de manera subrepticia negoció esa salida a cambio de la retirada de los misiles nucleares estadounidenses ubicados en Turquía e Italia, dejan mucho que desear sobre las verdaderas o fundamentales motivaciones que tuvo Jruschov a la hora de proponer a los cubanos la instalación de los cohetes en Cuba. ¿Qué tenían que ver los cohetes de Turquía e Italia con la defensa de Cuba? ¿Por qué no exigió se devolviera a la Mayor de las Antillas el usurpado territorio de la Base Naval de Guantánamo, se eliminara el bloqueo económico, u otros aspectos que sí se ajustaban a los intereses de la Isla?

A pesar de que en las concepciones defensivas ya elaboradas para entonces por parte de la máxima dirección cubana, los misiles nucleares no estaban comprendidos, y de la conciencia de los líderes cubanos de que su presencia en el territorio insular podía afectar el prestigio de la Revolución, se aceptó la instalación de los cohetes, a partir de que se cumplía con un principio ineludible de apoyo internacionalista con el Campo Socialista y la URSS en particular, sobre cuya amistad no existía la menor duda, porque se había demostrado muchas veces. Se trataba entonces, de que si los soviéticos habían estado siempre dispuestos a ayudar a Cuba en los momentos más críticos, no se podían esgrimir intereses nacionales estrechos, cuando los que estaban en juego eran los intereses del Campo Socialista como un todo y por supuesto, vistos en un sentido más estratégico, los de la capacidad para defender a la isla también.

Mucho se perdió en el terreno moral, político y diplomático cuando los soviéticos decidieron que la instalación de los cohetes nucleares en Cuba se hiciera de manera secreta, y solo hacerla pública cuando fuera un hecho consumado, al que Estados Unidos supuestamente tendría que resignarse. El líder de la Revolución Cubana defendió en todo momento que la operación se hiciera pública bajo el respaldo del derecho internacional, pues no había nada ilegal en ello. Aunque mantuvo el criterio de que los soviéticos eran los que debían tomar la decisión final, por consideración a su gran experiencia internacional y militar.[5]

Coincidiendo con Fidel, en un interesante testimonio ha señalado Georgi Bolshakov, —quien fuera funcionario de prensa de la embajada soviética en Washington y que actuó en aquel momento como enlace secreto en las comunicaciones entre Kennedy y Jruschov—:

> [...] Los norteamericanos habían instalado ya hacía tiempo sus misiles en nuestras narices, en Turquía. No era secreto alguno. Lo sabía el mundo entero, incluida la Unión

> Soviética. Pero nuestro secretismo intencionado ponía trabas a la diplomacia soviética, pues cada vez que se tocaba el tema de Cuba surgía necesariamente esta interrogante: ¿hay misiles soviéticos en Cuba? El hecho de negarlo fue utilizado de la única manera: mentira. Ello prendía fácilmente en las mentes de la población norteamericana. Cundía la desconfianza hacia nuestra actitud. Quizás por esa razón, el presidente Kennedy logró, antes de la planificada invasión a Cuba, asegurarse el apoyo de la Organización de Estados Americanos y de varios países de Europa como Gran Bretaña, la RFA y Francia.[6]

Muy interesante es conocer, para respaldar los sabios criterios que tenía en aquella coyuntura el Comandante en Jefe, Fidel Castro, que Abram Chayes, consejero legal del Departamento de Estado durante la administración Kennedy, declaró posteriormente que su oficina, consultada sobre la legalidad de las instalaciones de los cohetes nucleares, siempre mantuvo que era legal. «En realidad —expresó— nuestro problema legal era que la acción soviética no era ilegal». Asimismo, dos de los colaboradores más íntimos de Kennedy, Theodore Sorensen, consejero especial y McGeorge Bundy, Asistente Especial del Presidente para asuntos de Seguridad Nacional, manifestaron que si se hubiera anunciado en septiembre en las Naciones Unidas que, la Unión Soviética defendería a Cuba con proyectiles nucleares, «hubiera habido una situación totalmente diferente (Bundy) y ciertamente hubiera sido más difícil para nosotros (Sorensen)».[7] Pero finalmente fue fácil para Kennedy presentar el asunto a la opinión pública, haciendo énfasis en lo repentino, secreto y engañoso del despliegue de los cohetes nucleares, «legitimando» con ello las acciones agresivas contra la Isla que se implementarían, así como las adulteraciones y violaciones del derecho internacional que las mismas implicaban.

Otro elemento que dio ventaja política y diplomática a la administración Kennedy fue la errada táctica soviética de responder a todos los ataques sobre el envío de armas a Cuba asegurando que estas eran de carácter defensivo, cuando para los estadounidenses la cuestión no estaba dada en el propósito de su empleo, sino en su capacidad para alcanzar el territorio continental de los Estados Unidos. Por eso, cuando estalló la crisis, Kennedy se presentó exitosamente a la opinión pública como un hombre engañado.[8] Sobre este particular ha destacado Fidel:

> Nosotros nos negamos a entrar en ese juego y las declaraciones públicas que hizo el Gobierno y en las declaraciones en Naciones Unidas, siempre dijimos que Cuba consideraba un derecho soberano disponer del tipo de armas que considerara convenientes y nadie tenía derecho a establecer qué tipo de armas podía o no podía tener nuestro país. Nunca entramos en la negación del carácter estratégico de las armas, nunca. No estábamos de acuerdo con ese juego [...].[9]

La batalla en la OEA y en la ONU

En los preludios de la crisis, la batalla diplomática y política se fue haciendo cada vez más encarnizada. Cuba condenaba en todos los foros internacionales los planes de agresión militar que se tejían desde Washington contra la Isla, mientras que los Estados Unidos presionaban cada vez más para aislar a la Revolución Cubana y presentarla como un terrible cáncer para el hemisferio, planteando que su régimen marxista-leninista era incompatible con el sistema interamericano y que la isla era un satélite de la URSS, por lo tanto, un peligro para la seguridad nacional de los Estados Unidos y para todo el continente. Aquella campaña diplomática del Gobierno norteamericano contra la Revolución Cubana, había devenido ya desde enero de 1962 en la suspensión de Cuba de la Organización de Estados Americanos (OEA), en la VIII Reunión de Consulta de Cancilleres celebrada en Punta del Este, Uruguay.

Entre los días 20 y 21 de septiembre de 1962, en la sede de la Organización de las Naciones Unidas (ONU), se produjo un enconado enfrentamiento diplomático entre los Estados Unidos y Cuba, esta última respaldada por la URSS, en el marco de la XVII Asamblea General. El secretario interino de la ONU, el birmano U Thant, sugirió la inclusión del llamado «caso de Cuba» en el orden del día de la reunión, pues la cuestión gravitaba demasiado sobre el panorama internacional, máxime, cuando estaba aún fresca la tinta de un comunicado soviético (11 de septiembre), reiterado posteriormente por Jrushchov, que advertía que una agresión a Cuba significaba la guerra con la URSS. A pesar de que los representantes de los Estados Unidos no eran proclives a que el tema se discutiera en Naciones Unidas, pues en su criterio este caso entraba en la jurisdicción de la OEA —donde ellos eran acusadores, fiscales, jueces y jurados—, tuvieron que ceder ante el consenso existente de que fuera tratado el tema.

El representante de los Estados Unidos, Adlai Stevenson, al hacer uso de la palabra en la sección del 20 de septiembre, lanzó todo tipo de improperios contra Cuba, describiendo a la Isla como un grave peligro para la paz de América. La réplica relampagueante del embajador cubano en la ONU, Mario García Inchaústegui, vino luego, planteando que Stevenson era el mismo que otrora había negado en las Naciones Unidas la participación yanqui en la aventura de Playa Girón, al tiempo que denunciaba las agresiones de los Estados Unidos y la invasión a gran escala que se maquinaba en esos días en la Casa Blanca contra la Mayor de las Antillas:

> El presidente de la delegación norteamericana acusa a nuestro gobierno de llevar a cabo una campaña de difamación, vituperación y subversión contra sus vecinos. Estas palabras las pronuncia ante esta augusta asamblea quien desde esta misma tribuna encubrió la agresión de su gobierno contra nuestro pueblo, negando una agresión que días después confesaba el propio presidente de los Estados Unidos. [...] Ahora el presidente de la delegación norteamericana vuelve a sus andadas, y en el instante en que su gobierno, bajo una histeria general guerrerista amenaza a un pequeño, pero valeroso pueblo, viola su espacio aéreo y marítimo, infiltra grupos de sabotaje y envía a sus mercenarios a atacar nuestras costas, este señor delegado de este gobierno acusa a nuestro gobierno de ataques verbales a nuestros vecinos y de subversión.[10]

Al día siguiente, también resonaron las palabras de apoyo a la posición cubana del canciller soviético Andrei Gromyko:

> Los delegados que asisten a la Asamblea General indudablemente han tenido tiempo de darse cuenta de la histeria de guerra creada en torno a Cuba, que aumenta cada día que pasa en los Estados Unidos, y de la campaña de odio contra los cubanos que se observa en los periódicos, la radio y la televisión norteamericana. Se ha llegado al extremo de publicar una lista de pretextos que podían utilizarse para una invasión a Cuba. Esta lista incluye todo lo que existe bajo el sol [...].
>
> ¿Pueden las Naciones Unidas reconciliarse con un sistema en que uno de sus miembros declara en alta voz tener el derecho de atacar a otro país que también es miembro de la organización? Y todo esto se hace porque el orden interno de ese país no está de acuerdo con la manera de pensar del Gobierno de Estados Unidos y no es de su gusto. No; estas declaraciones no pueden desatenderse. Esto equivale, verdaderamente a minar los cimientos sobre los cuales pueden descansar las Naciones Unidas.[11]

Gromyko terminó su intervención advirtiendo que un ataque hacia la Isla desde territorio norteamericano tendría consecuencias funestas contra la paz mundial, ratificando el comunicado soviético del 11 de septiembre de 1962.

Por otro lado, los representantes de Guatemala y Panamá, apoyaron la posición norteamericana, mostrando su servilismo a Washington. El enviado panameño llegó incluso a presentar una iniciativa a la asamblea sugiriendo la creación de un frente unido con participación de las platanocracias de

Haití, Santo Domingo, Colombia y Venezuela, para «resistir la amenaza cubana».

El 29 de septiembre, el Consejo de Ministros del Gobierno Revolucionario cubano publicó en la prensa su respuesta a una Resolución Conjunta del Congreso de los Estados Unidos, mediante la cual se concedía al presidente Kennedy la facultad del uso de las armas contra Cuba, si esta extendía sus actividades subversivas o agresivas a cualquier parte del hemisferio y creaba una capacidad militar de apoyo externo que pusiera en peligro la seguridad de los Estados Unidos. La declaración del Gobierno Revolucionario hacía historia de todas las agresiones de las administraciones estadounidenses contra la isla y desmontaba los falsos ataques de subversión en el hemisferio. También enfatizaba:

> Si el Gobierno de Estados Unidos no albergara intenciones agresivas contra nuestra patria, no le interesaría la cantidad, calidad, o clase de nuestras armas.
>
> Si Estados Unidos fuese capaz de dar a Cuba garantías efectivas y satisfactorias con respecto a la integridad de nuestro territorio y cesara en sus actividades subversivas y contrarrevolucionarias contra nuestro pueblo, Cuba no necesitaría fortalecer su defensa, no necesitaría siquiera ejército, y todos esos recursos que ello implica los invertiríamos gustosamente en el desarrollo económico y cultural de la nación.
>
> Cuba ha estado siempre dispuesta a discutir con el Gobierno de Estados Unidos y hacer lo que estuviese de su parte si encontrara en el Gobierno de Estados Unidos una actitud recíproca para disminuir la tirantez y mejorar las relaciones.[12]

Ya a inicios del mes de octubre, Dean Rusk, secretario de Estado de los Estados Unidos, quiso aprovechar el marco de la XVII Asamblea de la ONU para realizar una reunión a puertas cerradas con sus fieles peones de América Latina con el objetivo de aumentar el cerco diplomático y económico a la Isla y preparar el terreno para una agresión directa. En ese encuentro que se realizó en Washington, Rusk presentó un memoradum de 5 puntos:

1ro. Revisión de las relaciones comerciales entre los países latinoamericanos y Cuba.

2do. Medidas para impedir que los buques mercantes latinoamericanos transporten armas o materiales estratégicos a Cuba.

3ro. Un llamamiento conjunto a los países miembros de la Organización del Tratado del Atlántico Norte (OTAN) para que sus embarcaciones no transporten mercancías de ningún género a Cuba.

4to. Intensificación de las medidas de represión en América Latina.

5to. Organización de una comisión del Caribe para acciones de vigilancia en torno a Cuba.

Participaron en la reunión 16 cancilleres de la región y 3 representantes de menor jerarquía oficial: los de México, Brasil y Argentina. Se planteó en el encuentro que el problema de mayor emergencia era la intromisión chino-soviética en Cuba, pues esto no era más que un ensayo dirigido a convertir a la Isla en base armada para la penetración del comunismo en América y de acción subversiva contra las instituciones democráticas del continente.

Uno de los momentos más álgidos dentro de la controversia diplomática antes del estallido de la crisis, se produjo el 8 de octubre de 1962 cuando el presidente de Cuba, Osvaldo Dorticós Torrado, subió al podio de las Naciones Unidas para acusar una vez más a los Estados Unidos por las agresiones realizadas y por los planes de invasión que se perpetraban en la Casa Blanca contra el archipiélago cubano. En esa ocasión, Dorticós también recalcó con firmeza el derecho de Cuba a armarse como lo estimase necesario para defender su territorio de las agresiones de los Estados Unidos. Reafirmando las ideas contenidas en la declaración del Consejo de Ministros del 29 de septiembre, señaló:

> [...] el Congreso norteamericano legitima previamente el uso de las armas, la agresión armada a nuestro país, para impedir en nuestro territorio la creación o el uso de una capacidad militar que ponga en peligro la seguridad de los Estados Unidos.
>
> ¡Cuba, poniendo en peligro la seguridad de una gran potencia! ¡Cuba, la agredida, Cuba la invadida, llena de pánico a los señores dirigentes de esta gran potencia!
>
> Yo creo que no es necesario subrayar la fuerza de ridículo y el carácter absurdo de esta declaración, ante los señores Delegados. [...] Frente a esto ¿qué tenemos que decir? Diremos, señores delegados, ¡que Cuba sí se ha armado!; ¡tiene el derecho de armarse y defenderse! Y la pregunta que importa es esta: ¿Por qué Cuba se ha armado? Es innegable que hubiésemos querido destinar todos esos recursos humanos y materiales, todas esas energías que hemos tenido que emplear en el fortalecimiento de nuestra defensa militar,

> para el desarrollo de nuestra economía y de nuestra cultura. [...] ¿qué hubiese ocurrido, si no hubiésemos fortalecido nuestra defensa militar, cuando una división, armada y entrenada por el Gobierno de Estados Unidos invadió nuestro país por Playa Girón? [...] Si Estados Unidos fuese capaz de dar garantías de palabras y garantías en los hechos, de no realizar agresiones contra nuestro país, declaramos aquí solemnemente, que sobrarían nuestras armas y nuestro ejército, porque queremos la paz y crear en la paz.
>
> Por otra parte [...], no estamos obligados por nada a dar cuenta al Congreso norteamericano respecto a los que hacemos para defender nuestra integridad territorial. Nos armamos en la forma que creamos conveniente para defender nuestra nación, no para agredir a nadie. Y no tenemos —repito— que rendir cuentas para ello a ninguna potencia, ni algún Congreso extranjero. Seguiremos, mientras las circunstancias dramáticas lo exijan, fortaleciendo nuestra defensa militar para defendernos, y no para agredir a nadie. Si nos atacan, encontrarán la resistencia de nuestras armas, y también la resistencia de nuestro patriotismo.[13]

Y dirigiéndose a la delegación estadounidense a cuyo frente estaba el embajador Stevenson, exclamó:

> [...] en esta misma asamblea instamos al señor Presidente de la delegación de los Estados Unidos para que ofrezca aquí garantías cabales de que su gobierno no tiene el propósito de agredir a Cuba. Pero lo instamos a que ofrezca esas garantías no solo de palabra sino sobre todo con los hechos. El Gobierno y el pueblo de Cuba están plenamente convencidos de que se hallan bajo la inminencia de una agresión militar del Gobierno de los Estados Unidos. Las pruebas sobran.

> Cuando un país pequeño como el mío de 6 000 000 habitantes, a 90 millas de los Estados Unidos, se siente realmente amenazado, no tiene por qué rechazar la ayuda espontánea que se le ofrezca, ya venga de la reina Isabel de Inglaterra, del Emperador de Japón, del presidente Kubistchek (del Brasil) o de quien quiera que venga, porque por encima de toda consideración está el derecho irrestricto a la vida que tienen los pueblos. Y nuestro país está absolutamente desamparado en el hemisferio. Esto lo digo henchido de hondo dolor, porque Cuba pertenece a América, porque Cuba es un país esencialmente americano, porque el vientre de Cuba parió a José Martí, que es el único par legítimo que tiene Simón Bolívar en nuestra América [...].[14]

Mientras Dorticós hablaba en Naciones Unidas, el Congreso de los Estados Unidos votaba otra ley por la cual se retiraba toda asistencia económica y militar a cualquier país que «vendiera, suministrara, o permitiera que cualquier buque con su registro comerciara con Cuba» mientras estuviera gobernada «por el régimen de Castro».[15]

Los días «luminosos y tristes»

El 14 de octubre de 1962 un avión U-2 de los Estados Unidos, violando el espacio aéreo de Cuba obtuvo las fotografías que mostraron la presencia de cohetes nucleares de alcance medio. Al día siguiente se confirmó la existencia de los cohetes con nuevos vuelos de reconocimiento por aviones U-2 de la fuerza aérea estadounidense. El 16 de octubre de 1962, McGeorge Bundy, asistente especial del Presidente para Asuntos de Seguridad Nacional, informaba a Kennedy sobre la presencia de los misiles en Cuba.

Por aquellos días, fuerzas militares estadounidenses se concentraban en las cercanías de la Isla, bajo el pretexto de la realización de varios ejercicios y maniobras, como el *Unitas III* y el *Sweep Clear*, sin embargo, el propio lunes 15 de octubre comenzó el ejercicio Phibrilex 62, uno de los más importantes y peligrosos para el archipiélago cubano. Este se desarrollaría hasta el 30 de octubre con la participación de más de cuarenta buques, veinte mil marinos y cuarenta mil infantes de marina, e incluía la realización del asalto anfibio a la isla de Vieques, en Puerto Rico, convertida a los fines del ejercicio en la ficticia «República de Vieques», para derrocar a un tirano imaginario, Ortsac, que es el apellido Castro deletreado al revés. No había que hacer gran esfuerzo para interpretar el objetivo de la maniobra. Cuando estas prácticas fueron planificadas no habían pruebas aún de la existencia de los cohetes de alcance medio en Cuba. Este ejercicio constituía un ensayo de la última fase de la *Operación Mangosta*, prevista para fines del mes de octubre de 1962. De cualquier forma, la maniobra sirvió a los Estados Unidos para encubrir la movilización de las tropas necesarias en la nueva situación.

Después de 6 días de análisis de la situación con un grupo asesor de alto nivel, John F. Kennedy decidió dar a conocer la presencia de los misiles en Cuba y exponer las acciones de repuesta que adoptaría el Gobierno norteamericano. Durante todos esos días, después del descubrimiento de los cohetes en Cuba hasta la declaración de Kennedy, quedó en manos del Gobierno de los Estados Unidos, como ha dicho Fidel, la iniciativa diplomática, política y militar.

Cuando en las horas de la mañana del 22 de octubre de 1962, se anunció que el presidente Kennedy hablaría a las 7:00 p.m. para dar a conocer acontecimientos extraordinarios a la población de los Estados Unidos, y al tenerse en cuenta una serie de movimientos militares que se habían detectado en La Florida y en el sur de los Estados Unidos en general, el Primer Ministro, Fidel Castro, apreció que este hecho estaba relacionado directamente con Cuba y con la presencia de los cohetes soviéticos. Dadas esas circunstancias, ordenó poner en situación de alerta a las Fuerzas Armadas Cubanas a las 3:50 p.m., y a las 5:35 p.m. decretó la alarma de combate para toda la nación.

En su declaración, Kennedy informó que en Cuba existían bases de proyectiles ofensivos con capacidad para un ataque nuclear contra el hemisferio, que peligraban el Canal de Panamá, Washington, Cabo Cañaveral, Ciudad México y otras ciudades del sector sureste de los Estados Unidos, Centroamérica y la zona del Caribe, que además, se estaban construyendo bases adicionales que ponían en peligro ciudades del hemisferio occidental, desde puntos tan al norte como la Bahía de

Hudson, en Canadá, y tan al sur como Lima, Perú, así como que bombarderos a chorro capaces de transportar armas nucleares estaban siendo desembarcados y armados en Cuba. También planteaba que Cuba constituía una amenaza a la paz y seguridad de América, en deliberado reto al Pacto de Río de Janeiro, la Resolución Conjunta del Congreso de los Estados Unidos, la Carta de las Naciones Unidas y las propias advertencias públicas del presidente Kennedy a la Unión Soviética formuladas los días 4 y 13 de septiembre. A partir de esa situación Kennedy da a conocer las medidas tomadas por su Gobierno: primero, se decretaba una cuarentena estricta contra todo equipo militar de ofensiva embarcado con destino a Cuba y que todos los buques de cualquier clase destinado a la Isla, procedente de cualquier nación o puerto, serían obligados a regresar si se descubría que llevaban armamentos de carácter ofensivo, y que esta cuarentena se extendería si hacía falta a otras clases de cargamentos y transportes; segundo, que continuaría y se incrementaría la estricta vigilancia a Cuba y a su refuerzo militar, y que las fuerzas armadas norteamericanas estuviesen preparadas para cualquier eventualidad; tercero, que sería política de los Estados Unidos considerar a cualquier proyectil nuclear lanzado desde Cuba contra cualquier país del hemisferio occidental, como un ataque de la Unión Soviética contra los Estados Unidos, merecedor de plena respuesta de represalia contra la URSS; cuarto, que se reforzaba la base de Guantánamo y se evacuaba al personal no militar y se ponía en estado de alerta a las unidades militares adicionales; quinto, que se convocaba inmediatamente una reunión de consulta de la OEA para que estudiara esa amenaza contra la seguridad del hemisferio a tenor de los artículos 6 y 8 del tratado de Río de Janeiro, y se advertía de la situación a los aliados de los Estados Unidos en todo el mundo; sexto, que según la Carta de las Naciones Unidas se solicitaría una reunión de emergencia del Consejo de Seguridad para tomar medidas contra la amenaza soviética a la paz en el mundo y que los Estados Unidos pedirían el pronto desmantelamiento y retirada de todos los armamentos de ofensiva que había en Cuba, bajo la supervisión de observadores para que la cuarentena pudiera ser levantada.

Esa misma noche, Adlai Stevenson, embajador de los Estados Unidos en las Naciones Unidas, solicitó una reunión urgente del Consejo de Seguridad presentando un proyecto de resolución que planteaba los siguientes puntos:

a) Inmediato desmantelamiento y retirada de Cuba de todos los proyectiles dirigidos y otras armas ofensivas.

b) Autorización al Secretario General interino para enviar a Cuba un observador de las Naciones Unidas para que garantizara e informara respecto a la aplicación de esa resolución.

c) Terminación de las medidas de cuarentena dirigidas contra los embarques militares a Cuba, una vez que las Naciones Unidas hubiera certificado la aplicación del primer punto.

d) Necesidad de urgente diálogo entre los Estados Unidos y la URSS sobre las medidas tendientes a eliminar la amenaza existente para la seguridad del Hemisferio Occidental y la paz del mundo, y se informará en consecuencia al Consejo de Seguridad.

Kennedy envió además una misiva personal a Jruschov mediante un canal de comunicación especial. Con esta carta comenzó la correspondencia secreta entre ambos, que se extendió durante todo el período de la crisis. Simultáneamente, Cuba y la URSS también dirigieron al Consejo de Seguridad sus quejas sobre las acciones agresivas y violaciones del derecho internacional de los Estados Unidos, y solicitaron una reunión urgente. En la carta del Gobierno cubano al Presidente del Consejo de Seguridad Nacional, se señalaba que el bloqueo naval decretado por el Gobierno de los Estados Unidos constituía una acción unilateral y un acto de guerra establecido a espaldas de los organismos internacionales.[16]

El 23 de octubre la agencia TASS emitió una declaración del Gobierno soviético, en la cual se denunciaba el serio peligro que para la paz significaba el bloqueo naval, calificándolo como un paso en el camino del desencadenamiento de la guerra termonuclear. Además señalaba en una de sus partes:

> Atropellando desvergonzadamente las normas internacionales de conducta de los estados y los principios de la Carta de la Organización de Naciones Unidas, los Estados Unidos se han adjudicado el derecho, y lo han anunciado, de atacar los barcos de otros estados en alta mar, o sea, dedicarse a la piratería.
>
> Los círculos de poder imperialistas de los Estados Unidos intentan dictar a Cuba la política que ella debe practicar, el orden que debe establecer dentro de su casa y las armas que debe disponer para su defensa.
>
> ¿Quién ha dado derecho a los Estados Unidos a tomar para sí el papel de juez supremo de otros países y otros pueblos?
>
> [...]
>
> Según la Carta de la ONU, todos los países, grandes o pequeños, tienen derecho a edificar su vida según su gusto,

> a adoptar aquellas medidas que ellos consideren necesarias para garantizar su seguridad, dar respuesta a las fuerzas agresivas que atentan contra su libertad e independencia. El no tener en cuenta esto, significa socavar las mismas bases de la existencia de la ONU, introducir en la práctica internacional las leyes de la jungla, engendrar conflictos y guerras indefinidamente.[17]

Al mismo tiempo, la cancillería soviética entregó al embajador Foy D. Kohler una copia de dicha declaración y un mensaje de Jruschov al presidente Kennedy, donde reiteraba que los armamentos en Cuba eran defensivos y calificaba las medidas proclamadas el día anterior de insólita injerencia en los asuntos internos de la Isla, así como un acto provocativo contra la Unión Soviética. También Jruschov envío una misiva a Fidel, en la cual calificaba las acciones de Estados Unidos de piratescas, pérfidas y agresivas, informando además que había dado órdenes a los militares soviéticos en la Isla de estar en completa disposición combativa. Esta carta fue interpretada por la dirección cubana como una clara voluntad de la URSS de no ceder ante las amenazas y exigencias de los Estados Unidos.[18]

El Consejo de Seguridad de la ONU se reunió el propio 23 de octubre para escuchar los planteamientos de los acreditados por las tres naciones involucradas. El representante cubano fue invitado a participar en el debate ya que no era miembro del Consejo de Seguridad.

El primero en hacer uso de la palabra fue el representante norteamericano. Adlai Stevenson pronunció un largo discurso tratando de presentar el bloqueo como una medida de autodefensa. Acusó a Cuba por recibir armas estratégicas en su territorio y a la Unión Soviética por no hacer pública su decisión de enviarlas. Presentó un proyecto que demandaba el desmantelamiento y la retirada inmediata de las armas «ofensivas», el envío de un cuerpo de observadores de la ONU a la Isla y la realización de negociaciones entre los Estados Unidos y la Unión Soviética para eliminar la amenaza presente.

Acto seguido el representante cubano, García Incháustegui, afirmó que la Isla se había visto precisada a armarse ante las agresiones reiteradas de los norteamericanos y negó que las armas de Cuba fueran una amenaza para sus vecinos, pues eran puramente defensivas. Criticó fuertemente a los Estados Unidos por enviar sus barcos y aviones a la Isla para después recurrir a la ONU:

> [...] los Estados Unidos han hecho una cosa muy curiosa: Han enviado sus barcos a Cuba, han enviado también sus naves aéreas a Cuba y a sus alrededores, y después han consultado a sus aliados y a los organismos internacionales.
>
> De ahora en adelante la guerra a la paz, la terrible guerra nuclear, dependerá de lo que al Servicio de Inteligencia de los Estados Unidos le convenga afirmar.
>
> ¡Como si los organismos internacionales y el Consejo de Seguridad no tuvieran una razón de existir![19]

Incháustegui también dejó claro los reclamos de Cuba:

> Pedimos al Consejo de Seguridad, en nombre de la Carta, en nombre de la moral internacional, en nombre de los principios del derecho, el inmediato retiro de las fuerzas agresoras de los Estados Unidos alrededor de nuestras costas y la cesación del bloqueo ilegal adoptado unilateralmente por el Gobierno de Estados Unidos con desprecio absoluto de la Carta. Pedimos el inmediato retiro de todas las tropas, naves y aeronaves enviadas a nuestras costas, la cesación de

> las acciones provocativas en Guantánamo y de los ataques piratas organizados por agentes al servicio del Gobierno de los Estados Unidos. Pedimos la cesación de todas las medidas intervencionistas del Gobierno de los Estados Unidos en los asuntos internos de Cuba, y la cesación de las violaciones de nuestro espacio aéreo y marítimo.[20]

Al concluir su discurso, el representante cubano sentó la posición de principio de la Isla de no dejarse inspeccionar, pues lo primero que había que hacer era revisar las bases norteamericanas de donde salían las invasiones y que no se aceptaría observadores de ningún tipo en asuntos que competían a la jurisdicción interna de Cuba. Ese mismo día Incháustegui presentó a las Naciones Unidas un documento en el que se relacionaban los sabotajes, ataques piratas, atentados terroristas y demás fechorías realizadas ese año contra Cuba, ya fuera con la participación directa o indirecta del Gobierno de los Estados Unidos, y solicitó que se distribuyera como un documento oficial de la Asamblea General.

Por su parte, Valerian Zorin, el representante permanente soviético y presidente además en ese momento del Consejo de Seguridad, señaló que los Estados Unidos habían realizado un acto sin precedentes en las relaciones entre países que no estaban en guerra y habían puesto en peligro la navegación de numerosos buques, violando abiertamente las prerrogativas del Consejo de Seguridad, único que podía autorizar la realización de cualquier clase de actos coercitivos. Zorin declaró que no entraría en polémicas con Stevenson, porque la declaración de Estados Unidos no era más que una cortina de humo para distraer la atención de las violaciones flagrantes de la carta de las Naciones Unidas. Agregó que confirmaba oficialmente la declaración del Gobierno de la Unión Soviética de que no había enviado ni estaba enviando armamentos ofensivos a Cuba, que las armas enviadas a Cuba estaban destinadas solamente a fines defensivos, pues la URSS poseía cohetes tan poderosos que no necesitaba buscar territorio alguno fuera de la Unión Soviética para lanzarlos. Al finalizar su intervención, pidió la condena a las acciones emprendidas por los norteamericanos, que los Estados Unidos revocaran su decisión de inspeccionar los buques de otros países en aguas internacionales, que cesara toda interferencia en los asuntos internos de Cuba, y que los tres países establecieran contactos para normalizar la situación y eliminar la amenaza de guerra.

Simultáneamente con los debates en el Consejo de Seguridad del 23 de octubre, 43 países se reunieron extraoficialmente para discutir las medidas agresivas de los Estados Unidos contra Cuba así como la crisis en las relaciones entre los Estados Unidos y la URSS, y llegaron a la conclusión de que era necesario designar un comité integrado por Ghana, República Árabe Unida (RAU) y Chipre; que debía entrar en contacto con el Secretario General Interino de la ONU, U Thant, para persuadirlo en el sentido de que se hiciera una apelación, lo más auspiciosa posible, a todas las partes interesadas, con el fin de que se abstuvieran de toda acción que pudiese poner en peligro la paz. Los reunidos, todos ellos países no alineados, entre los que se encontraban representantes de cinco países latinoamericanos: Brasil, Chile, Bolivia, Venezuela y México, plantearon su deseo de que U Thant presentara su apelación a los Estados Unidos, la URSS y Cuba en la reanudación de la sesión urgente del Consejo de Seguridad que se realizaría al día siguiente. Los participantes abogaron por la idea de que U Thant desempeñara un papel mediador entre las tres partes. También propusieron que, en caso de que el Consejo de Seguridad no llegase a aprobar una resolución en ese sentido, se convocara una sesión urgente de la Asamblea General de las Naciones Unidas, con el fin de buscar una solución.

Asimismo, el propio martes 23 de octubre se reunió el Órgano de Consulta de la OEA, ante la insistencia de los Estados Unidos, de discutir una resolución que respaldara el bloqueo naval a la Isla. Ese mismo día fue aprobada por 17 votos a favor, ninguno en contra y una abstención (Uruguay). La resolución exigía el desmantelamiento inmediato y la retirada de las armas con capacidad ofensiva de Cuba y recomendaba que los estados miembros, basándose en los artículos 6 y 8 del Tratado de Río de Janeiro, tomaran las medidas individuales y colectivas, incluido el uso de la fuerza armada, para evitar que Cuba pudiera continuar amenazando la paz y la seguridad del continente.

En la comparecencia ante la Televisión y la Radio Nacional en la noche del 23 de octubre, Fidel refutó cada una de las imputaciones hechas contra Cuba por Kennedy el día anterior. El Primer Ministro cubano dejó claro que no tenía obligación de rendir cuentas al Gobierno de los Estados Unidos y que este no tenía derecho alguno de decidir el tipo de armas que Cuba debía o no tener. También rechazó categóricamente la pretensión estadounidense de inspeccionar el territorio cubano. Sobre como el Gobierno de los Estados Unidos —a diferencia de Cuba— estaba haciendo añicos las normas más elementales del derecho internacional con sus medidas unilaterales y agresivas contra la Isla, señaló:

> Habla (Kennedy) de la Carta de las Naciones Unidas, precisamente en el momento en que van a violar la Carta de las Naciones Unidas, invocan la Carta de las Naciones Unidas, cuando nosotros no hemos cometido la menor violación de ninguno de los artículos de la Carta de las Naciones Unidas.

> [...] Hay el hecho siguiente. La medida que toma, [...] es una violación inocultable por completo de la ley internacional; ningún Estado puede hacer eso, ningún estado puede parar a los barcos de otro Estado en altamar; ningún Estado puede bloquear a otro Estado. Es como si nosotros ahora mandáramos nuestros barcos, para decir: «no, Estados Unidos no puede mandar tales armas a Guatemala, ni a Venezuela»; que cualquier país pusiera sus barcos de guerra frente a otro país y bloqueara a ese país. Eso está contra toda ley internacional, y está además, contra la moral de las relaciones internacionales, contra el más elemental derecho de los pueblos.
>
> Es decir que es, en primer lugar, una violación flagrante de la ley. Comete dos violaciones: una violación contra nuestra soberanía, por cuanto intenta bloquear nuestro país; y, en segundo lugar, comete una violación contra el derecho de todos los pueblos porque dice «cualquier barco de cualquier país puede ser registrado». ¿Dónde? ¿En aguas norteamericanas? ¡No, en alta mar, es decir, en aguas internacionales! Comete una violación contra el derecho de todas las demás naciones, no solo contra Cuba.[21]

Al mismo tiempo, Fidel aseveró que Cuba era partidaria del desmantelamiento de todas las bases militares y de la no permanencia de tropas extranjeras en el territorio de otro país.

«Si Estados Unidos —dijo— quiere el desarme, magnífico: vamos a desmantelar todas las bases que haya en todas las partes del mundo. [...] Pero con la política de desarmarnos nosotros frente a los agresores, no estamos de acuerdo».[22]

Fidel además señaló que ante la nueva situación se podían dar dos alternativas: bloqueo total o agresión directa, y agregó: «Bloqueo total, lo resistiremos tomando las medidas necesarias, si se presenta el caso, podemos resistir bloqueo total [...] Si hay la otra alternativa, el ataque directo, ¡lo rechazaremos!».[23]

El Consejo de Seguridad de la ONU se reanudó el 24 de octubre a las 9:00 a.m., el mismo día en que entró en vigor el bloqueo naval impuesto por el Gobierno norteamericano a Cuba. En la reunión, U Thant planteó que mediaría en el conflicto a petición de un grupo de gobiernos, por lo que envió un mensaje con textos idénticos a Kennedy y Jruschov, solicitándoles que se abstuvieran de emprender acciones que pudieran agravar la situación y propuso la suspensión voluntaria por un período de dos a tres semanas de los envíos de armas y de la «cuarentena», con el objetivo de que las partes se reunieran para solucionar la crisis.

De igual forma, U Thant había apelado al Gobierno de Cuba, exhortándolo a buscar algún terreno de interés común, como base para una discusión, por la cual se pudiera hallar una salida negociada a la crisis. Señaló que era posible contribuir grandemente a ese fin si la construcción de las instalaciones militares soviéticas en Cuba se suspendía durante el período de negociaciones.[24]

Esa noche, en cumplimiento de indicaciones del Departamento de Estado, Stevenson se dirigió a U Thant e intentó que este hiciera una apelación a Jruschov para que mantuviera los barcos soviéticos fuera del área de la «cuarentena»; el diplomático birmano debía hacer la proposición como si fuera iniciativa propia con el objetivo de evitar una confrontación que podría producirse a corto plazo. U Thant estuvo de acuerdo con enviar un mensaje con la propuesta a primera hora de la mañana, y hacerlo a nombre suyo. Le plantearía la necesidad de que mantuviera sus barcos alejados para evitar una confrontación, porque pensaba que existía la posibilidad de que los norteamericanos estuviesen preparados para discutir las modalidades de una negociación.

En la mañana del 25 de octubre el Secretario General interino de la ONU, U Thant, recibió las respuestas de Jruschov y Kennedy a su mensaje del día anterior. El dirigente soviético dio una respuesta positiva, y aceptó el ofrecimiento para tratar de solucionar la crisis. Por su parte, la respuesta norteamericana era ambigua y no contenía ningún compromiso concreto.

El Gobierno cubano, a través de su embajador García Incháustegui, reafirmó a U Thant la actitud pacífica de Cuba, pero señaló que Washington no había aportado ninguna prueba que demostrara que la Isla era una amenaza para el hemisferio occidental y que esta tenía todo el derecho a defenderse de la agresividad del imperialismo estadounidense.

Poco después, U Thant se dirigía de nuevo a Jruschov y Kennedy. Con el objetivo de evitar un enfrentamiento en el mar pedía al primero mantener los barcos soviéticos fuera de la zona de intercepción. Al menos por un tiempo limitado que permitiera la realización de las conversaciones para negociar una solución a la crisis. A Kennedy le solicitaba que las fuerzas de los Estados Unidos en el Caribe evitaran un enfrentamiento con los barcos soviéticos, con el objetivo de disminuir el riesgo de cualquier incidente enojoso.

En horas de la tarde de ese día 25 de octubre se efectuó una nueva sesión del Consejo de Seguridad Nacional. El embajador soviético, Valerian Zorin, fue interrumpido en medio de su intervención por Stevenson, quien en tono inquisitivo, le pidió que dijera si en Cuba había o no armas ofensivas. Mientras Zorin se negaba a dar una respuesta directa a esa pregunta, Stevenson introdujo en la sala las ampliaciones de las fotos tomadas por los U-2, en las que se veía claramente los bombarderos y las posiciones de lanzamiento que se construían para los cohetes. El efecto fue devastador y el lance constituyó un fracaso total para la diplomacia soviética.

Ante esas claras evidencias, el representante soviético, respondió señalando que si el presidente Kennedy poseía esas pruebas desde el día 16 de octubre, como había hecho referencia en su discurso del 22 de octubre, ¿por qué no le había dicho nada sobre ese aspecto al ministro de Relaciones Exteriores de la Unión Soviética, Alexei Gromyko, en la prolongada entrevista que sostuvo con él el día 18 del propio mes? Zorin además hizo énfasis en que si el presidente Kennedy verdaderamente no tenía intenciones agresivas y quería defender la paz, ¿por qué se había callado y anunciado un bloqueo cuatro días después, colocando al mundo al borde de la guerra termonuclear? Posteriormente, Zorin mencionó la carta de Jruschov, destacando que en ella se exponían claramente las intenciones de la Unión Soviética de buscar una salida negociada a la crisis, rechazando las interpretaciones que había dado Stevenson sobre la posición asumida por la URSS.[25] La sesión del Consejo de Seguridad Nacional terminó con el anuncio de U Thant de que, en la mañana del siguiente día, iniciaría conversaciones con los representantes de Cuba, la Unión Soviética y Estados Unidos, para tratar de buscar una solución a la crisis y se acordó, en espera de esas negociaciones, posponer las discusiones en ese organismo. Realmente, después de esta sesión del 25, no hubo ninguna otra reunión del Consejo de Seguridad donde se discutiera el tema de la Crisis.

El 26 de octubre U Thant recibió una carta de Jruschov comunicándole que aceptaba su proposición del día 25, por lo que en adelante los barcos soviéticos se mantendrían fuera del área de intercepción, aunque señalaba que esa situación no podría prolongarse.

Sin embargo, las horas que se vivían eran muy tensas, tanto para Cuba y la URSS, como para los Estados Unidos, y llegaron a su punto más álgido cuando el 27 de octubre fue derribado un avión U-2 de la fuerza área estadounidense por cohetes soviéticos, en el momento en que este violaba el espacio aéreo cubano.

El 27 de octubre Jruschov envía una misiva a Kennedy en la que le propone retirar los cohetes nucleares del archipiélago cubano. Si los Estados Unidos retiraban los suyos de Turquía, se comprometían a no invadir Cuba desde su territorio o de otro de sus vecinos y pactaban no inmiscuirse en los asuntos internos de la Isla.

Finalmente, el Gobierno estadounidense decidió enviar una carta a Jruschov en respuesta a la recibida el día 26, pues en ella, el Gobierno soviético solo ponía como condición para retirar los cohetes de Cuba: que Estados Unidos se comprometiera a no invadir la Isla y a impedir que esta acción se perpetrara desde cualquier otro país. De esta manera, Washington ignoró la misiva de Jruschov que había transmitido Radio Moscú en la mañana del día 27, en la que hacía la propuesta relacionada con la retirada de los cohetes de Turquía. La actuación del Gobierno norteamericano consistió en manifestarse como si no hubieran recibido la carta del 27 y esperar la respuesta del líder soviético antes de emprender alguna acción de lamentables consecuencias.

El contenido fundamental de la carta de Kennedy a Jruschov planteaba que la URSS debía retirar los sistemas de armamentos ofensivos de Cuba bajo la inspección de la ONU, y comprometerse, con las debidas garantías, a no introducir en lo sucesivo armamento de esta clase en Cuba. De actuar de esta manera, los Estados Unidos levantarían rápidamente el bloqueo naval y darían garantías de que Cuba no sería invadida. La esencia del mensaje consistía en que si los cohetes no eran retirados inmediatamente de la ínsula, los Estados Unidos se verían obligados a iniciar las acciones combativas a más tardar los días 29 o 30 de octubre.

El encargado de llevar el mensaje al embajador soviético en los Estados Unidos fue Robert Kennedy, hermano del presidente de los Estados Unidos. En la conversación, el embajador de la Unión Soviética insistió en la retirada de los cohetes estadounidenses en Turquía. Finalmente, se acordó que esos proyectiles en Turquía serían desmantelados tres y cinco meses después de la retirada de los cohetes soviéticos de Cuba, y que ese acuerdo se mantuviera en estricto secreto y no se incluyera en el texto oficial sobre el cese de la crisis.

El 28 de octubre se trasmitió la carta de repuesta de Jrushchov a Kennedy por Radio Moscú. De nuevo el Gobierno soviético cometía un error durante la crisis: el texto ya se estaba haciendo público y no había sido concertado con el Gobierno cubano. El contenido fundamental de la carta era el siguiente:

> Veo con respeto y confianza la declaración expuesta en su mensaje del 27 de octubre de 1962, de que no se cometerá un ataque contra Cuba, de que no habrá invasión [...] Entonces los motivos que nos impulsaron a prestar ayuda de ese carácter a Cuba desaparecen. Por eso hemos dado instrucciones a nuestros oficiales [...] de adoptar las medidas correspondientes para que cese la construcción de los mencionados objetivos, para su desmontaje y devolución a la Unión Soviética.[26]

Esta noticia fue recibida con júbilo en Washington, sin embargo, la dirigencia cubana manifestó su inconformidad, pues la garantía de la palabra del presidente norteamericano tenía muy poco valor, como había demostrado la historia de los últimos años. Por eso, en la tarde de aquel domingo el líder cubano, Fidel Castro, planteó sus conocidos «Cinco Puntos», y manifestó que no existirían las garantías de que hablaba Kennedy, si, además de la eliminación del bloqueo naval que prometía, no se adoptaban las medidas siguientes:

1ro. Cese del bloqueo económico y de todas las medidas de presiones comerciales y económicas que ejercen los Estados Unidos en todas las partes del mundo contra Cuba.

2do. Cese de todas las actividades subversivas, lanzamientos y desembarcos de armas y explosivos por aire y mar, organización de invasiones mercenarias, infiltración de espías y sabotajes, acciones todas que se llevan a cabo desde el territorio de los Estados Unidos y de algunos países cómplices.

3ro. Cese de los ataques piratas que se llevan a cabo desde bases existentes en los Estados Unidos y en Puerto Rico.

4to. Cese de todas las violaciones del espacio aéreo y naval por aviones y navíos de guerra norteamericanos.

5to. Retirada de la base naval de Guantánamo y devolución del territorio cubano ocupado por los Estados Unidos.

Las negociaciones

El lunes 29 de octubre, en Naciones Unidas, la delegación soviética anunció la designación del viceministro de Relaciones Exteriores, Vasilievich Kuznetzov, para encabezar las negociaciones con los Estados Unidos. Por la parte estadounidense participarían Adlai Stevenson y John McCloy, y por Cuba, Carlos Lechuga. Otra noticia dada a conocer ese día fue la aceptación de U Thant a la invitación del Gobierno Revolucionario para que visitara la Isla. Partiría hacia La Habana el martes 30.

En sus conversaciones con la alta dirección del país,[27] quedaron delineadas las posturas firmes de Cuba en cuanto al necesario cumplimiento de los cinco puntos decretados por Fidel. Se planteó que no se permitiría ninguna inspección de control en territorio cubano con pretensiones de verificar la verdadera retirada de los cohetes, pues Cuba no había violado ninguna ley internacional, y que en cambio, los Estados Unidos sí lo habían hecho y nadie controlaría el cumplimiento de su palabra de no invadir a la isla. Al respecto expresó Fidel a U Thant, en la primera entrevista sostenida en la tarde del día 30 de octubre:

> Precisamente nosotros no comprendemos por qué se nos pide eso, porque nosotros no hemos violado ningún derecho, no hemos llevado a cabo agresión absolutamente contra nadie; todos nuestros actos han estado basados en el Derecho Internacional, no hemos hecho absolutamente nada fuera de las normas del Derecho Internacional. En cambio, nosotros

> hemos sido víctimas, en primer lugar, de un bloqueo, que es un acto ilegal, en segundo lugar, la pretensión de determinar desde otro país qué tenemos nosotros derecho a hacer o no hacer dentro de nuestras fronteras.
>
> Nosotros entendemos que Cuba es un Estado soberano ni más ni menos que cualquier otro de los Estados miembros de las Naciones Unidas, y con todos los atributos que son inherentes a cualquiera de esos estados.
>
> Además, los Estados Unidos han estado violando reiteradamente nuestro espacio aéreo sin ningún derecho, cometiendo un acto de agresión intolerable contra nuestro país. Han pretendido justificarlo con un acuerdo de la OEA, pero ese acuerdo no tiene para nosotros ninguna validez. Nosotros fuimos, incluso, expulsados de la OEA.
>
> Nosotros podemos aceptar cualquier cosa que se ajuste al derecho, que no implique merma en nuestra condición de Estado soberano. Los derechos violados por Estados Unidos no han sido restablecidos, y por medio de la fuerza no aceptamos ninguna imposición.
>
> Entiendo que esto de la inspección es un intento más de humillar a nuestro país. Por lo tanto, no lo aceptamos.[28]

Más avanzada la conversación diría el Comandante en Jefe: «[...]resulta realmente difícil comprender cómo se puede hablar de soluciones inmediatas, independientemente de soluciones futuras, cuando lo que más interesa no es pagar ahora cualquier precio por la paz, sino garantizar la paz de manera definitiva, y no estar pagando todos los días el precio de una paz efímera».[29]

U Thant coincidió con Fidel respecto a la ilegalidad del bloqueo: «Mis colegas y yo opinamos, y así se lo hice saber a Estados Unidos, que el bloqueo era ilegal; que ningún Estado puede admitir un bloqueo no ya solo militar, ni siquiera económico. Eso es usar la imposición de la fuerza de una gran potencia contra un país pequeño. También les dije que era ilegal e inadmisible el reconocimiento aéreo que se estaba haciendo sobre Cuba».[30] El secretario general interino de la ONU también destacó en la reunión que él estaba buscando una solución a largo plazo del problema, no solo inmediata, porque consideraba que ambas cuestiones estaban unidas.

El 1ro. de noviembre Fidel ofreció una comparecencia ante las cámaras y micrófonos de la televisión nacional para informar sobre los resultados de las conversaciones con U Thant. El Primer Ministro cubano reconoció de forma positiva la labor desempeñada por U Thant, señalando que se trataba de una persona honesta, imparcial, competente, que tenía verdaderos deseos de luchar por encontrar soluciones a los problemas surgidos y había inspirado confianza en la dirección cubana. «Indiscutiblemente —agregó Fidel— que es de interés de que las Naciones Unidas constituyan una institución de garantía para los derechos de los pueblos, sobre todo para los derechos de los pueblos pequeños; y en este momento nos parece que las Naciones Unidas están desempeñando bien ese papel».[31]

Sin duda, las posiciones y planteamientos de U Thant en torno a la crisis de octubre y las valoraciones positivas que sobre su persona dio la máxima dirección de Cuba, influyeron en que el Gobierno de los Estados Unidos evitara luego una discusión amplia en Naciones Unidas sobre la crisis y la participación directa de U Thant en las negociaciones. Poco a poco Washington fue sacando el tema del marco de las Naciones Unidas.

Desde el 31 de octubre, de acuerdo con el compromiso contraído por la URSS, se había iniciado la retirada de los cohetes de alcance medio, sin ningún tipo de obstáculo por parte de Cuba. La actitud cubana y soviética contrastaba con la asumida por Estados Unidos, que mantenía el bloqueo y aumentaba los vuelos rasantes.[32] Por si fuera poco, incorporaba nuevas exigencias para el cese de sus acciones agresivas y se negaba a entrar en negociaciones directas con los cubanos. Las conversaciones se llevaban a cabo entre soviéticos y norteamericanos por una parte; soviéticos y cubanos por otro lado y todos los factores con U Thant.[33]

Desde el regreso de U Thant a New York, los negociadores soviéticos y cubanos venían confeccionando un proyecto de Protocolo Tripartito para ser sometido al Consejo de Seguridad Nacional por los tres países. En el proyecto quedaban recogidos los intereses de Cuba que habían sido planteados por Fidel en los Cinco Puntos. Además planteaba en su capítulo IV, artículo 12: «Las partes contratantes acuerdan aceptar el plan sobre la presencia de la ONU en la zona del mar Caribe, por medio del establecimiento de puestos de observación por los representantes de ese organismo con el objeto de lograr el cumplimiento de los objetivos del presente acuerdo».[34] Cuba estuvo de acuerdo con este artículo, pues no se trataba de que se hiciese una verificación solamente en su territorio, sino también en el territorio de otros países de la región, pero los Estados Unidos rechazaron la proposición.

El martes 6 de noviembre, el Gobierno de los Estados Unidos, convencido de que se habían desmantelado los cohetes y después de aceptar la propuesta de la URSS de verificación en alta mar de los buques que los transportaban, solicitó oficialmente como solución de la crisis una nueva exigencia, la retirada de los IL-28, convertidos de pronto en armas «ofensivas».[35] El bloqueo naval y las violaciones al espacio aéreo cubano continuarían todavía por varios días,[36] al tiempo que Kennedy amenazaba con tomar nuevas medidas agresivas a partir del 20 de noviembre. Precisamente ese día los soviéticos terminaron cediendo, cuando llegó a la Casa Blanca un mensaje de Jruschov, en el cual se anunciaba que los IL-28 serían retirados en un plazo de 30 días. El presidente estadounidense inmediatamente realizó una conferencia de prensa donde declaró que se habían reducido significativamente los peligros con la decisión soviética de retirar las «armas ofensivas» y que habría paz en el Caribe si esas armas se mantenían fuera del hemisferio y si no se usaba a Cuba para exportar los propósitos agresivos del comunismo. Minutos después de la conferencia, el secretario de Defensa, Robert McNamara, anunció que había ordenado a la marina de guerra el cese del bloqueo, comenzado el 24 de octubre. También el 20 de noviembre, la URSS y los demás países socialistas miembros del tratado de Varsovia declararon el paso de sus fuerzas armadas a condiciones normales. En Cuba, dos días después, se tomaron medidas similares.[37]

En la tarde del 25 de noviembre, la Dirección Nacional de las Organizaciones Revolucionarias Integradas (ORI) y el Consejo de Ministros de la República de Cuba se reunieron, en sesión conjunta, para tratar los problemas referentes a la solución de la crisis y discutir la respuesta a las palabras del presidente Kennedy del martes 20. Allí se acordó hacer pública una declaración para dar a conocer al pueblo y al mundo la posición del Partido y el Gobierno cubanos de condena a la violación flagrante del derecho internacional por parte del Gobierno de los Estados Unidos. Por su importancia en el marco de la cruenta batalla diplomática y política que libró Cuba en aquellos días, citamos algunos de sus párrafos:

> Las declaraciones del Presidente de los Estados Unidos contienen gérmenes de una política provocadora y agresiva contra nuestro país que debe ser denunciada [...] La posición

de fuerza asumida por el Gobierno de los Estados Unidos es totalmente contraria a las normas jurídicas internacionales. Encima de los atropellos cometidos contra Cuba y que pusieron al mundo al borde la guerra, evitada en virtud de acuerdos que suponían el compromiso por parte de los Estados Unidos de cancelar su política agresiva y delictiva contra Cuba, se niegan siquiera a dar la seguridad de que no violará, una vez más, la Carta de las Naciones Unidas y la Ley Internacional invadiendo la República de Cuba bajo el pretexto de que nuestro país no ha accedido a la inspección internacional.

La pretensión del presidente Kennedy carece de fundamento, es un simple pretexto para incumplir su parte del compromiso e insistir en su política de agresión contra Cuba. Como si esto fuera poco, si se permitiera una inspección que diera todas las garantías que se le ocurriera exigir al Gobierno de los Estados Unidos, la paz del Caribe está supeditada a: «si no se usa a Cuba para exportar los propósitos agresivos del comunismo». Vale decir que cualquier esfuerzo de los pueblos de América Latina por librarse del yugo imperialista podría servir de pretexto al Gobierno de los Estados Unidos para acusar a Cuba, romper la paz y atacar a nuestro país. Garantías más endebles difícilmente se podrían concebir.

A esto debe agregarse un hecho más que habla de la política guerrerista y prepotente del Gobierno de los Estados Unidos. En su última declaración el presidente Kennedy ha reafirmado tácitamente el derecho a sobrevolar el territorio de Cuba por aviones espías que lo fotografían de una punta a otra. También esto constituye una grosera violación del Derecho Internacional.

La única garantía efectiva que existe para mantener la legalidad internacional y garantizar que se cumplan las normas del derecho es el acatamiento de todas las naciones a las normas establecidas. En este momento de confrontación aguda de dos concepciones de la sociedad, los Estados Unidos se han atribuido el derecho de romper las normas internacionales vigentes y establecer nuevas fórmulas a su arbitrio. Entendemos que, en el momento en que se crea una peligrosa situación de esta índole y un país decide, por sí y ante sí, cómo ha de aplicar el derecho en sus relaciones con otros países del mundo, no queda otra alternativa que resistir firmemente a sus pretensiones [...]. Cuba se verá en la necesidad de defenderse por todos los medios. Se reserva el derecho de adquirir armas de cualquier tipo para su defensa y dará los pasos que estime pertinentes para el fortalecimiento de sus seguridad frente a esa amenaza declarada. Es por eso que después de conocerse la declaración del presidente Kennedy puede afirmarse que se evitó un conflicto armado, pero no se ha logrado la paz.

El Gobierno de los Estados Unidos reclama que las Naciones Unidas verifiquen en nuestro territorio la retirada de las armas estratégicas. Cuba reclama que las Naciones Unidas verifiquen en el territorio de los Estados Unidos, Puerto Rico y demás sitios donde se preparan agresiones contra Cuba, el desmantelamiento de los campos de entrenamiento de mercenarios, espías, saboteadores y terroristas; de los centros donde se prepara la subversión y las bases de donde parten los barcos piratas contra nuestras costas.

Y no solo eso, sino que se establezcan medidas de control efectivo para que estos actos no se repitan en el futuro, como parte de las garantías que Cuba reclama.

Si los Estados Unidos y sus cómplices de agresión contra Cuba no aceptan esta inspección en sus territorios por las Naciones Unidas, Cuba no aceptará por ningún concepto la inspección en el suyo.

Solo mediante recíprocas concesiones y garantías podrá lograrse un acuerdo amplio, digno y aceptable para todos. Si ese acuerdo se logra, Cuba no tendrá necesidad de armas

> estratégicas para su defensa, el personal técnico-militar foráneo para la instrucción de las fuerzas armadas sería reducido al mínimo y se crearían las condiciones necesarias para el desarrollo normal de nuestras relaciones con todos los países de este hemisferio...
>
> No creemos en simples promesas de no agresión; necesitamos hechos. Estos hechos están contenidos en nuestros cinco puntos. En las palabras del presidente Kennedy tenemos poca fe, como poco es el temor que nos infunden sus veladas amenazas.[38]

El 26 de noviembre Carlos Lechuga, embajador cubano en Naciones Unidas, visitó a U Thant para expresarle que era muy importante que la ONU no perdiera el control del proceso de negociaciones, pues ya a esas alturas los representantes soviéticos y norteamericanos se reunían sin consultar a U Thant, a quien solo se le informaba después de los acuerdos tomados. Era evidente que el Gobierno estadounidense trataba de esquivar un debate en el Consejo de Seguridad donde saldrían a relucir todos sus actos agresivos contra la Isla y violaciones del derecho internacional y de la Carta de la ONU. Además era de conocimiento público que U Thant, quien debía rendir cuentas de las gestiones que como mediador le confió el consejo, había manifestado en La Habana que los dos temas, el de la solución a corto plazo y el de la normalización de las relaciones internacionales en la zona del Caribe, estaban vinculados, por lo que las acciones subversivas y bélicas contra Cuba y el bloqueo económico, también serían objeto de análisis, como aspectos esenciales de la solución de la crisis a la largo plazo. Por supuesto, Estados Unidos evitó en todo momento verse en una posición tan incómoda en Naciones Unidas, mucho menos a entrar en un debate con los cubanos. Incluso, en uno de los documentos desclasificados en los Estados Unidos que contiene las sugerencias que McCloy hizo a Kennedy antes de que este último se reuniera el 29 de noviembre con el Viceprimer Ministro de la URSS, Anastas Mikoyan, le recomendó al Presidente estadounidense que le expresara al dirigente soviético que si la URSS mantenía la intención de incorporar a los cubanos en la discusión de los arreglos finales, se examinaría la alternativa de interrumpir unilateralmente las negociaciones.[39]

El 28 de noviembre el Gobierno revolucionario cubano cursó instrucciones a su embajador en la ONU, Carlos Lechuga, previendo una posible discusión en el Consejo de Seguridad de los proyectos independientes de declaración de Estados Unidos y la URSS. Se le orientaba que debía ajustar su conducta al criterio del Gobierno cubano expuesto en la Declaración Conjunta del Consejo de Ministros y de la Dirección Nacional de las ORI, firmada por el Primer Ministro Fidel Castro y el Presidente Osvaldo Dorticós, el 25 de noviembre. También que, en caso de no arribarse a un acuerdo conforme a los puntos de vista de Cuba —que era lo más probable—, declarara que no existían garantías para Cuba y fuese agresivo contra la posición norteamericana, denunciando ante la ONU las consecuencias de esa posición (derecho a invadir que se atribuía, derecho a continuar con medidas de presión económica y de guerra paramilitar), llamando la atención al Consejo de Seguridad Nacional sobre el descaro de entrar a discutir el derecho a la invasión, lo cual pugnaba con los principios de la Carta de las Naciones Unidas.

> Ser enérgico en la intervención —se enfatizaba en las instrucciones—, y anunciar al mundo que no se ha logrado la paz en el Caribe, y que solo se ha evitado, por ahora, la guerra.
>
> El compañero Lechuga debe saber que la posición de Cuba ha agotado todas las posibilidades de flexibilidad,

> y en lo adelante, no da un solo paso atrás en esa posición, que claramente aparece en la Declaración Conjunta de la Dirección Nacional de las ORI y del Consejo de Ministros, que se adjunta.[40]

Al día siguiente, Lechuga volvió a recibir instrucciones desde La Habana, en ellas se le indicaba que si bien estaba excluida una declaración tripartita, tampoco Cuba estaba de acuerdo con el proyecto de declaración de los soviéticos y que la única alternativa era una declaración independiente, con la que al menos Estados Unidos quedaría desenmascarado ante el Consejo de Seguridad Nacional.

El 3 de diciembre, la oficina del Ministro de Relaciones Exteriores, Raúl Roa, envió a Lechuga un mensaje cifrado que era una versión de un memorando enviado por Dorticós a Roa, en el que se subrayaba que Cuba haría una sola declaración de acuerdo con las instrucciones enviadas y que era *imposible ocultar en el Consejo de Seguridad las discrepancias entre la URSS y Cuba,* aunque no había que destacarlas expresamente, pero si fijar la posición cubana de que la promesa de no invasión, sin las garantías mínimas contenidas en el proyecto de Protocolo, no constituían una seguridad para la Isla.[41]

Las observaciones que nuestro gobierno le hizo a los proyectos de Declaración de los Estados Unidos y la URSS fueron:

1ro. No se aceptaba como acuerdo válido ninguno que no incluyera los Cinco Puntos, del 28 de octubre, tal y como aparecía en el proyecto de Protocolo Tripartito, pues la simple promesa de no invasión no era garantía alguna, ya que dejaba libre las manos a los Estados Unidos para proseguir con sus actos de presión, bloqueo económico y acciones subversivas paramilitares contra Cuba.

2do. Se coincidía con la URSS al oponerse decididamente a permitir la nueva exigencia de los Estados Unidos sobre el supuesto retiro del «sistema de armas aptas para uso con fines ofensivos», ya que además por su generalidad implicaba armas convencionales.

3ro. Se consideraba que toda insistencia de los Estados Unidos sobre futuros medios de inspección solo significaba un intento de humillar a Cuba y afectar su soberanía, puesto que ya se habían retirado todas las armas comprometidas entre Kennedy y Kruschov, extendiéndose incluso a los IL-28, y esto había sido verificado en alta mar, como se había acordado entre ambas partes. Además se destacó que para Cuba, toda oferta de no invasión con carácter condicional era ineficaz, pues invadir no era un derecho de los Estados Unidos, sino un delito internacional.

4to. Se enfatizó en que no se daría un solo paso atrás en no aceptar verificación sobre la base de la promesa de no invasión. Tampoco se aceptaría ningún tipo de inspección unilateral, solo inspección múltiple que incluyera el territorio de los Estados Unidos.

5to. Se rechazó la declaración de los Estados Unidos de reservarse el derecho de hacer uso de otros medios de inspección y control, al constituir ello una vulneración de la soberanía de Cuba.

6to. No aceptación como materia de discusión la sola oferta de no invasión, pues la materia de discusión debían ser los Cinco Puntos y lo demás consignado en el proyecto de Protocolo.[42]

Una de las discrepancias fundamentales de Cuba con el proyecto de Declaración de la URSS estuvo en la afirmación de que, en todo, el Gobierno soviético actuaba de acuerdo con el de la República de Cuba, lo cual no era cierto. Además, Cuba discrepaba con la declaración soviética cuando esta consideraba como compromisos, algunos asuntos a los que nunca los norteamericanos se comprometieron, tales como el respeto a la soberanía de Cuba y la inviolabilidad de sus fronteras, así como la no interferencia en sus asuntos internos.[43] En realidad, Kennedy no se comprometió oficialmente a nada. Todo quedó en palabras y letras de correspondencia. Estados Unidos nunca se comprometió a dejar de seguir agrediendo a Cuba de las más disímiles maneras, sino a no invadirla. Cumplió con su compromiso de retirar los cohetes Júpiter de Turquía e Italia, pues sabía que de todas maneras serían retirados a corto plazo por su carácter obsoleto.

En cuanto al proyecto de resolución presentado por la parte norteamericana saltaba a la vista su insistencia en la comprobación por parte de la ONU del retiro de los cohetes y bombarderos bajo la definición general de *sistemas de armas apta para fines ofensivos*; así como el condicionamiento de la no invasión a Cuba al criterio ambiguo y fácilmente manipulable de que la Isla no emprendería acción que amenazara la paz y seguridad del Hemisferio Occidental, cual había sido la supuesta justificación de las agresiones de Estados Unidos contra Cuba.[44]

Finalmente, la crisis se liquidó de manera formal con dos cartas a U Thant, una muy breve firmada conjuntamente por Adlai Stevenson y V. Kuznetsov y otra más extensa del Gobierno revolucionario cubano. Ambas con fecha 7 de enero de 1963. Estados Unidos había logrado imposibilitar un amplio debate en las Naciones Unidas. Como en juicio docto señaló Carlos Lechuga:

> Esto también es un hecho que dejó en cierta forma desamparada a Cuba, pues le impidió exponer sus criterios en el seno de la comunidad internacional, en la ONU, que supuestamente estaba actuando de mediadora en el conflicto, y se cerró el camino para continuar la discusión sobre uno de los aspectos fundamentales de la crisis que era lo que se dio en llamar la solución a largo plazo, la búsqueda de una fórmula que diera fin a la política agresiva de los Estados Unidos contra ella, raíz de todo el conflicto.[45]

Nada más entregadas las cartas a U Thant para que este las trasladara al Presidente del Consejo de Seguridad de la ONU, se reanudaron inmediatamente los planes subversivos de los Estados Unidos contra la Isla.

A modo de conclusión

A modo de conclusión podría decirse que la ONU desempeñó un papel importante durante la crisis de octubre, incluso desde antes de su estallido, en tanto se convirtió en escenario de enconada batalla diplomática de Cuba y la URSS frente a los Estados Unidos. También hay que reconocer la labor que realizó U Thant, Secretario General Interino de la ONU, en función de lograr una solución definitiva a la crisis. Sin embargo, los Estados Unidos actuaron siempre desde posiciones de fuerza y violaron impunemente la Carta de las Naciones Unidas, práctica que han seguido desempeñando hasta la actualidad. Las Naciones Unidas no tomaron ante estas violaciones medidas de sanción con los Estados Unidos, demostrando que los principios básicos bajo los que se creó esta organización habían quedado en letra muerta desde fecha temprana, producto de la irracionalidad y el irrespeto del imperialismo norteamericano hacia las normas más elementales de comportamiento en las relaciones internacionales, pretendiendo siempre actuar a su libre albedrío y como gendarme del mundo. Cuba denunció en todo momento esta conducta inadmisible para las Naciones Unidas y mantuvo una posición digna y firme ante la defensa de su soberanía. La posición valiente e intransigente de la dirección cubana al negarse a cualquier tipo de inspección del territorio cubano, al plantear los Cinco Puntos e impedir en todo momento que se le presionara, fue lo que salvó el prestigio moral y político de la Revolución en aquella coyuntura. Esto fue así, a pesar de que la

URSS tomó decisiones inconsultas con la parte cubana que trajeron como consecuencia que la Isla fuese la más desfavorecida con la solución que se le dio a la crisis.

Notas

1. El *Plan Mangosta* constituyó el programa de guerra encubierta más vasto que hasta entonces había emprendido Estados Unidos para derrocar a un gobierno extranjero.
2. Las actividades agresivas contra Cuba después del fracaso de la invasión de Playa Girón estaban comprendidas en el llamado *Plan Mangosta,* donde se fijó el mes de octubre de 1962 para la realización de la invasión directa, en caso de que fracasara la oleada de actividades de desestabilización que se realizarían en la Isla.
3. Véase Tomás Diez Acosta: *Octubre de 1962, a un paso del holocausto,* Editora Política, La Habana, pp. 93-94. (Segunda Edición)
4. Citado por Tomás Diez Acosta: ob. cit., p. 92.
5. Ibídem, p. 100.
6. Véase Tomás Diez Acosta: ob. cit., pp. 136-137.
7. Citado por Carlos Lechuga en: *En el ojo de la tormenta,* Ocean Press, Ciudad de La Habana, 1995, pp. 58-59.
8. Ibídem, p. 137.
9. Citado por Tomás Diez Acosta: ob. cit., p. 137.
10. Los fragmentos de esta intervención fueron publicados en *Bohemia,* La Habana, 28 de septiembre de 1962.
11. Ibídem.
12. Véase *Noticias de Hoy,* 30 de septiembre de 1962, p. 1.
13. Fragmentos publicados en *Bohemia,* La Habana, 12 de octubre de 1962.
14. Citado por Carlos Lechuga en: ob. cit., p. 77.
15. Ibídem, p. 78.
16. Ibídem, p. 107.
17. *Bohemia,* 26 de octubre de 1962.
18. Véase Tomás Diez: ob. cit., pp. 165-166.
19. Fragmentos en *Hoy,* La Habana, 24 de octubre de 1962.
20. Ibídem.

21. *Bohemia,* 26 de octubre de 1962.
22. Ibídem.
23. Ibídem.
24. Ibídem, p. 173.
25. Ibídem, pp. 175-176.
26. Citado por Rubén G. Jiménez Gómez: *Octubre de 1962. La mayor crisis de la era nuclear,* La Habana, Editorial de Ciencias Sociales, 2003, p. 283.
27. Por la parte cubana participaron el primer ministro Fidel Castro; el presidente de la República, Osvaldo Dorticós Torrado; el ministro de Relaciones Exteriores, Raúl Roa García, y Carlos Lechuga, quien había sido nombrado representante cubano ante las Naciones Unidas.
28. Conversación efectuada entre el secretario general interino de la ONU, U Thant, y sus acompañantes, con el Primer Ministro del Gobierno Revolucionario, Dr. Fidel Castro, 30 de octubre de 1962. Archivos del Instituto de Historia de Cuba (IHC), Fondo de la Crisis de Octubre.
29. Ibídem.
30. Ibídem.
31. Comparecencia del Comandante Fidel Castro Ruz, Primer Secretario de la Dirección Nacional de las ORI, y Primer Ministro del Gobierno Revolucionario, ante las cámaras y micrófonos de la Televisión Nacional, para explicar al pueblo de Cuba sobre las conversaciones con el Secretario General de la ONU, U Thant, y la situación de la crisis ocasionada por el bloqueo naval impuesto por Estados Unidos. La Habana, 1ro. de noviembre de 1962, «Año de la Planificación», Obra Revolucionaria no. 32, Editora Nacional de Cuba, La Habana, 2 de noviembre de 1962.
32. Tomás Diez: ob. cit., p. 194.
33. Carlos Lechuga: ob. cit., p. 200.
34. Citado por Ibídem, p. 206.
35. Tomás Diez: ob. cit., p. 195.
36. El 15 de noviembre de 1962, Fidel envió una carta a U Thant en la que advertía que «hasta donde alcanzara el fuego de las armas antiaéreas cubanas, todo avión de guerra que violara la soberanía de Cuba invadiendo su espacio aéreo solo podría hacerlo a riesgo de ser destruido».
37. Tomás Diez: ob. cit., p. 200.
38. Citado por Carlos Lechuga en: ob. cit., pp. 222-225.
39. Carlos Lechuga: ob. cit., p. 261.

40. Véase «La acción política y diplomática de Cuba durante la crisis», en: Documento Base para uso de la Delegación Cubana. Conferencia Internacional: «La Crisis de Octubre. Una visión cuarenta años después», 2002, pp. 145-156. (Oficina de Asuntos Históricos del Consejo de Estado).
41. Ibídem.
42. Ibídem.
43. Ibídem.
44. Ibídem.
45. Carlos Lechuga: ob. cit., p. 138.

Bibliografía

ARBOLEYA, JESÚS: *La Contrarrevolución Cubana,* Editorial de Ciencias Sociales, La Habana, 2000.

BLIGHT, JAMES G., BRUCE J. ALLYN AND DAVID A. WELCH: *Cuba on the Brink. Castro, the Missile Crisis, and the Soviet Collapse,* Rowman& Littlefield Publishers, INC, Maryland, 2002.

____________ AND PHILIP BRENNER: *Sad and Luminous Days. Cuba's Struggle the Superpowers after the Missile Crisis,* Rowman& Littlefield Publishers, INC, Maryland, 2002.

BRENNER, PHILIP: *From Confrontation to Negotiation U.S. Relations with Cuba,* A Pacca Book. Westview Press, Colorado, 1988.

CASTRO MARIÑO, SORAYA... (ET.AL): *Estados Unidos. Dinámica Interna y Política Exterior,* Editorial de Ciencias Sociales, La Habana, 2003.

DIEZ ACOSTA, TOMÁS: *La Crisis de los Misiles, 1962. Algunas reflexiones cubanas,* La Habana, Editorial Verde Olivo, 1999.

DOUGHERTY, JAMES E. Y ROBERT L. PFALTZGRAFF: *Teorías en Pugna en las Relaciones Internacionales,* Grupo Editor Latinoamericano, Buenos Aires, 1993.

ESCALANTE FONT, FABIÁN: *Cuba, la guerra secreta de la CIA.* Editorial Capitán San Luis, La Habana, Cuba, 1993.

FRANKLIN, JANE: *Cuba and The United States, a Cronological History,* Ocean Press, New York, USA, 1997.

GONZÁLEZ GÓMEZ, ROBERTO: *Estados Unidos: Doctrinas de la Guerra Fría 1947-1991*, Centro de Estudios Martianos, La Habana, 2003.

JIMÉNEZ GÓMEZ, RUBÉN G.: *Octubre de 1962. La Mayor Crisis de la Era Nuclear*, La Habana, Editorial de Ciencias Sociales, 2003.

LECHUGA, CARLOS: *En el Ojo de la Tormenta*, La Habana, Ediciones SI-MAR, S.A, 1995.

LÓPEZ SEGRERA, FRANCISCO… (ET.AL): *De Eisenhower a Reagan*, La Habana, Editorial de Ciencias Sociales, 1987.

MORALES DOMÍNGUEZ, ESTEBAN Y ELIER RAMÍREZ CAÑEDO: *Aproximaciones al conflicto Cuba-Estados Unidos*, Editora Política, La Habana, 2014.

RAMÍREZ CAÑEDO, ELIER Y ESTEBAN MORALES DOMÍNGUEZ: *De la confrontación a los intentos de normalización. La política hacia Cuba*, Editorial de Ciencias Sociales, La Habana, 2014.

Fuentes Periódicas

Revista Bohemia (septiembre y octubre de 1962)

Hoy (octubre de 1962)

Revolución (octubre de 1962)

ELIER RAMÍREZ CAÑEDO (La Habana, 1982). Licenciado en Historia (2006). Máster en Historia Contemporánea (Especialidad Relaciones Internacionales, 2008). Doctor en Ciencias Históricas (2011). Ha publicado diversos trabajos investigativos en revistas digitales e impresas como: *La Jiribilla*, *Caliban*, *Rebelión* y *Cuba Socialista*. Fue merecedor del premio ensayo en la primera edición del concurso «Guillermo Torriello» que auspiciaba el Centro de Estudios sobre América. Coautor de los libros: *El Autonomismo en las horas cruciales de la Nación Cubana* (Editorial de Ciencias Sociales, 2008), premio de la crítica histórica Fernando Rodríguez Portela, que otorga la Unión Nacional de Historiadores de Cuba (UNHIC); *De la confrontación a los intentos de normalización. La política de los Estados Unidos hacia Cuba* (Editorial de Ciencias Sociales, 2011 y 2014); *Aproximaciones al conflicto Estados Unidos-Cuba* (Editora Política, 2014), premio de la Crítica Científico Técnica; *El imperialismo norteamericano. Pasado, presente y futuro* (Ciencias Sociales-Ruth Casa Editorial, 2014); *Base Naval en Guantánamo. Estados Unidos versus Cuba* (Ocean Sur, 2016) y *5 temas polémicos sobre Cuba* (Ocean Sur, 2016). Miembro de la UNHIC, de la Asociación de Historiadores Latinoamericanos y del Caribe (ADHILAC) y de Latin American Studies Association (LASA). Pertenece al Tribunal Nacional de Doctorados en Ciencias Políticas. Miembro de la Asociación Hermanos Saíz (AHS) y del Comité Nacional de la UJC.

even Stories Press
on Gilbert
40 Watts Street
JS-NY, 10013
JS
ttps://www.sevenstories.com
on@sevenstories.com
10-306-6987

he authorized representative in the EU for product safety and compliance is

asy Access System Europe
eemu Kontttinen
Mustamäe tee 50
CZ, 10621
E
ttps://easproject.com
psr.requests@easproject.com
58 40 500 3575

SBN: 9781925317244
Release ID: 156241387

www.ingramcontent.com/pod-product-compliance
Lightning Source LLC
LaVergne TN
LVHW051020080826
845145LV00009B/2721

* 9 7 8 1 9 2 5 3 1 7 2 4 4 *